¡Me gusta ser yo mismo!

¿Quién más sería tan increíble?

Escrito por

Alaina Sanderson Lopez, LPC-S

Spanish Translation by: Shanediria Wagner

Ilustrado por: Darrius Weatherspoon

Dedicatorio

Estoy agradecida con mi esposo maravilloso y mis hermosas niñas por darme el apoyo que necesito para realizar mis sueños.

¿Eres tú increíble?

¿Sabías que cada forma, tamaño y color tiene belleza?

¡Por eso, soy tan increíble!

Espejo, espejo en la pared, ¿quién es lo más INCREIBLE de todos?

¡Eres tú!

¿ Te sientes increíble?

¡Mi madre, mi padre, mis abuelos , mi padrastro, mi madrastra, mi tío, mi tía, mis primos, mi hermana, mi hermano y muchas más personas creen que soy **ESPECTACULAR**!

Mi maestro cree
que soy
ESPECTACULAR,
aunque yo cometa
errores.

¿ Es tan
fabuloso,
verdad?

¿Puedes tú pensar en alguién que crea que eres ESPECTACULAR?

Yo soy **ESTUPENDO** porque mi comportamiento es único. A veces soy escandaloso, silencioso, o malhumorado.

Yo soy grandioso porque tengo alguién que me enseña a distinguir entre lo bueno y lo malo y a controlar mi temperamento.

¿ Con quién hablas cuando te sientes inquieto, nervioso, o **ACTIVO** como el conejo en los anuncios?

¿Te estás
sintiendo

Ser **IMPRESIONANTE** es fácil si eres tu mismo y haces lo mejor que puedas.

Nombra algo
que haces que
te hace
IMPRESIONANTE
 o única.

Soy
EXTRAORDINARIO a
causa de la manera
en que hablo
aunque mi acento y
mi lenguaje sean
diferentes de los
demás. Cuáles
idiomas hablas?

Tú eres INCREIBLE! (Spanish)

Vous êtes INCROYABLE (French)

Sie sind ERSTAUNLICH (German)

Bạn thật là hết xảy (Vietnamese)

Ikaw ay KAHANGA-HANGANG (Filipino)

¡ Eres increíble en todos los idiomas!

Es GENIAL ser quien soy y aprender adjetivos que me describen.

¡Ay de mi!

Nunca supe que había tantas palabras que nos describen.

Sonríe porque eres tan INCREIBLE!

EL CABELLO HERMOSO

es largo, lacio, corto, rizado y esponjado.

¡Amo mi cabello!

Todo tipo de cabello es hermoso: el tuyo, el mío, corto o postiso. Me gusta todo.

¿A ti, no?

Tu eres incredible, extraordinario, spectacular y grandioso. Eres una persona hermosa.

No es el final!

No importa que tan viejo estés,

ser **INCREIBLE** nunca terminará.

Author Links

Alaina Sanderson-Lopez L.P.C.
Heart2Heart Counseling Services
3425 Highway 6
Suite 107A
Sugarland, Texas 77478

alaina@heart2heartservices.org
http://www.heart2heartservices.org/

Darrius Weatherspoon
Illustrator/Artist
Cool Lines
dartinme24@gmail.com

Michelle R. Taylor
Author/Book Consultant and publisher
C.D. Extravaganza
msshelly247@gmail.com
www.michellertaylor.com

Shanedria Wagner
Spanish Translator
shanwag@shanwag.com

www.ingramcontent.com/pod-product-compliance
Lightning Source LLC
Chambersburg PA
CBHW041827280526
45792CB00006B/2020